AF286922

Bitte beachten!

Dieses Buch ersetzt keine therapeutische Ausbildung und beansprucht keine Wissenschaftlichkeit der dargestellten Ansichten im herkömmlichen Sinne. Es soll dazu anregen, über energetische Heilungstechniken nachzudenken und in eigener Verantwortung und nach eigenem Ermessen diese auszuprobieren. Alle Techniken sind als ergänzende Anwendungen zu verstehen, die helfen können, ein angenehmeres Gefühl aufzubauen und sich so besser zu fühlen. Die Methoden dieses Buches sind nicht als Ersatz für ärztliche oder heilkundliche Behandlungen zu verstehen. Krankheiten dürfen nur von approbierten Ärzten, Psychotherapeuten oder Heilpraktikern diagnostiziert und behandelt werden. Wer mit den Techniken dieses Buches andere Menschen behandeln möchte, muss entsprechend der geltenden Gesetzeslage über eine Erlaubnis hierzu verfügen. Die Einhaltung der Gesetze und Bestimmungen sowie der sorgfältige Umgang im Kontakt mit anderen Menschen oder Rat suchenden Personen wird nicht vom Autor übernommen, sondern bleibt vollständig in der Zuständigkeit des Lesers.

Hand drauf!

Quantenenergie von der

Zweipunkt- zur

Dreipunkt-Lichtmethode

Louise Baillet

© 2011 - Louise Baillet - 1. Auflage
ISBN: 978-3-8423-5087-8
Herstellung und Verlag:
Books on Demand GmbH, Norderstedt
Alle Rechte liegen bei der Autorin

Inhaltsverzeichnis

Einstieg

Krankheit und Heilung sind Teil unseres Lebens. Seit Menschengedenken spielen beide eine große Rolle in allen Kulturen und Gesellschaften. Dabei ist es keineswegs neu, die Entstehung und den Verlauf von Krankheiten als Ausdruck von Schieflagen oder fehlender Balance innerer und äußerer Kräfte, die auf die Person einwirken, zu verstehen. Vielen Lesern ist dies vielleicht klar, weil sie sich bereits mit energetischer Heilung oder Heilung überhaupt beschäftigt haben. Gleichzeitig aber glauben viele Menschen, dass die Vorstellung einer grundlegenden Energie, die alles Lebende und alles Materielle beeinflusst und damit auch zu Krankheiten und deren Veränderung einen Beitrag leistet, eine esoterische Erkenntnis der letzten 100 Jahre sei.

Häufig wird auch kritisiert, dass die Behandlung mit energetischen Verfahren schnelle Geldmacherei oder gar Betrug sei. Die Anbieter solcher Methoden werden dann oft als unwissenschaftliche Esoteriker abgewertet. Bedauerlicherweise hat der Begriff der Esoterik im alltäglichen Sprachgebrauch heute fast nur noch die Bedeutung des Okkulten, des unfassbar Mystischen. Mit der ursprünglichen Bedeutung des "inneren Wissens" hat das nichts mehr zu tun. Glücklicherweise ist es heute ohne weiteres möglich alternative Heilweisen, spirituelle Lebensberatung und esoterische Arbeitsweisen anzubieten und damit auch den zweifelnden Menschen näher zu bringen. Dass dies auch den unseriösen Anbietern den Weg bereitet, ist sicherlich bedauernswert, unterscheidet sich jedoch nicht von den Betrugsmöglichkeiten anderer Branchen. Warum erzähle ich Ihnen das? Sicherlich muss ich sie nicht davon überzeugen, dass das Heilen mit Quantenenergie eine tatsächliche Alternative darstellt, also seriös anwendbar ist. Ich möchte auf etwas anderes hinaus. Gerade in letzter Zeit wird häufig kritisiert, Quantenheilung wäre nichts weiter als die Erfindung eines klugen amerikanischen Geschäftsmannes. Andere bezeichnen sie als billigen Aufguss längst bestehender Heilungsmethoden unter einem neuen Begriff. Ich möchte mich in diesen Streit nicht einmischen, denn weder könnte ich die Gegner von ihrem Irrtum überzeugen, noch die Anhänger in ihrem Glauben bestärken. Hier stehen sich wie bei allen alternativen Heilverfahren zwei recht verhärtete Glaubensfronten gegenüber.

Heilung mit Quantenenergie ist alt, neu oder jung ist allenfalls der Begriff. Bevor nun die Anbieter oder Autoren, die sich mit dieser Thematik befassen, darüber streiten, wer die Erfinder oder Väter dieser Arbeit sein mögen, möchte ich einmal mit ihnen gemeinsam, liebe Leser, darüber nachdenken, ob es eine Zeit gab, da die Quantenheilung noch nicht praktiziert wurde. War sie nicht schon immer da? Haben wir Menschen nicht schon immer auf diese Art versucht, Unwohlsein, Schmerzen, Krankheiten zu behandeln?

Ist es nicht gleichzeitig so, dass viele Menschen ganz intuitiv und ohne jedes Nachdenken genau das tun, was sie mit Überzeugung Quantenheilung nennen könnten? Denken Sie mit mir gemeinsam darüber nach!

Ich will Ihnen ein Beispiel geben, das ihnen zeigt, dass diese Art des Handelns von Millionen Menschen jeden Tag angewandt wird, dass es gleichzeitig die einfachste und natürlichste Art des Helfens ist. Überall auf der Welt tun Mütter das gleiche, wenn ihre Kinder Bauchschmerzen haben. Sie halten sie im Arm und legen ihnen die Hand auf den Bauch. Meistens bleibt es nicht dabei. Entweder bewegen sie die Hand im kreisförmigen Bewegungen und streicheln damit den Bauch oder aber sie singen oder Summen etwas, um das kleine Kind zu beruhigen oder ihm beim Einschlafen zu helfen. Das zaubert nicht immer alle Schmerzen weg. Es führt auch nicht immer zur Heilung dessen, was die Schmerzen produziert. Und dennoch: Vergeht nicht bei vielen Kindern der Schmerz? Entspannt sich nicht ihrer Bauchdecke? Schlafen sie nicht irgendwann friedlich ein? Und ist nicht in ganz vielen Fällen der Schmerz danach verschwunden? Lautet die Diagnose einer späteren Untersuchung durch den Kinderarzt nicht häufig Blähungen oder Überreizung des Magens? Wird nicht häufig davon gesprochen, dass das Baby sich zunächst an die Verdauungsvorgänge gewöhnen müsse? Ist es nicht häufig so, dass die Symptome bei der Untersuchung gar nicht mehr bestehen und die angesprochenen und weitere Diagnosen im Nachhinein gestellt werden, weil kein Problem mehr zu finden ist, jedoch eine Erklärung für den vorherigen Schmerz gefunden werden muss. Hat nun der Kinderarzt Recht? Natürlich hat er das! All seine Diagnosen mögen stimmen. Dennoch sei die Frage erlaubt, wie die Heilung zustande gekommen ist oder ob sie ohne die aufgelegte Hand genauso schnell verlaufen wäre.

Machen wir bei eigenen Schmerzen oder Beschwerden am Körper nicht das gleiche bei uns?

Überlegen Sie einmal, was sie tun, wenn sie Schmerzen haben, beispielsweise Seitenstechen. Als erste Reaktion legen sie wahrscheinlich eine Hand auf die schmerzende Stelle. Auch das beseitigt den Schmerz nicht unbedingt. Dennoch empfinden wir es fast immer als etwas angenehmer, unsere eigene Hand auf eine schmerzende Stelle unseres Körpers zu legen. Den ganzen Tag über können wir Menschen dabei beobachten, wie sie sich mit der Handfläche an der Stirn berühren, wenn sie Kopfschmerzen haben, wie sie die Hand auf das Brustbein legen bei Erkältungen oder wenn sie schlecht Luft bekommen. Viele weitere Beispiele könnten wir finden. Sicherlich können sie das auch für sich selbst bestätigen. Überlegen Sie einfach, wie sie selbst vorgehen, wenn sie Schmerzen oder ein anderes körperliches Unwohlsein empfinden.

Natürlich müssen wir fragen, warum wir unsere Beschwerden damit nicht immer beseitigen. Das liegt vor allem daran, dass der Kontakt zu unseren Händen oft zu kurz ist und dass wir dabei mit unseren Gedanken abgelenkt sind. Wer Frank Kinslow oder Wolfgang Zimmer gelesen hat, weiß sicherlich, dass es bei dem Heilen mit Quantenenergie auch auf die Stille der Gedanken ankommt. Zielgerichtete Gedanken stören den Energiefluss erheblich. Auf dem Boden gesteuerter Energie entstehen Krankheiten ja erst. Genauer gesagt, auf dem Boden fehlgeleiteter Energie. Beim Versuch der Behandlung von Krankheiten geht es dann oft darum, die biochemischen Vorgänge im Körper und mit Blick auf die Psychosomatik die Einstellung und Grundhaltung einer Person in eine konstruktive Richtung zu lenken. Mit dieser Vorgehensweise erreichen viele Behandlungsmethoden Erfolge, das steht außer Frage! Die Arbeit mit Quantenenergie geht einen anderen Weg. Hierbei geht es vor allem darum, die natürliche Ausgleichsbestrebung von Energiefeldern, die ein harmonisches Gleichgewicht suchen, wirken zu lassen und damit keine Richtung vorzugeben. Auch hier gibt es große Erfolge. Dieses Buch befasst sich mit den Methoden der energetischen Heilung, die auf Zielvorgaben verzichten.

Es ist natürlich nicht so, dass Patienten keine Ziele hätten oder keine haben sollten. Das Ziel kranker Menschen ist das Gesundsein. Das ist auch Ziel jeder therapeutischen oder helfenden Handlung. Und selbstverständlich ist es auch das Ziel eines Menschen, der an einem Magengeschwür leidet, dass dieses verschwinden und der Magen sich wieder gut anfühlen soll. Das ist in Ordnung. Deshalb wird auch oft mit Affirmationen oder Zielformulierungen gearbeitet, die einmal ausgesprochen oder gedacht werden, um sie dann wieder loszulassen. So beschreibt Frank Kinslow seine Dreipunkt-Methode des QE. Auch Wolfgang Zimmer bietet in seinen Büchern positive Affirmationen an, die als Zielformulierung gebraucht werden können. Ich stimme diesen Autoren zu, schlage gleichzeitig einen etwas anderen Ablauf vor. Betrachten Sie meine Ausführungen bitte als Ergänzung oder als Alternative, nicht als Gegenentwurf dazu!

Viele meiner Leser werden bereits Bücher der beiden genannten oder auch von anderen Autoren gelesen haben, möglicherweise schon häufig mit Quantenenergie gearbeitet haben. Ich möchte sie dazu einladen, verehrte Leser, meine Variante der Behandlung entweder für Klienten oder auch zur Selbstbehandlung auszuprobieren und als weitere Möglichkeit zu verstehen. Da meine Wurzeln in der medialen Arbeit liegen, verbinde ich meditative Ansätze mit der Vorgehensweise der Quantenheilung. Doch bevor wir damit beginnen, befassen wir uns mit der Frage der Entstehung und dem Vorgang der Heilung von Erkrankungen.

Krankheit und Heilung verstehen

Menschen, die alternative Heilung suchen, betrachten die Entstehung, den Verlauf und die Heilungsmöglichkeit von Erkrankungen meistens in einem übergeordneten Zusammenhang. Sie suchen einen Sinn in der Erkrankung und nutzen den Umgang mit ihr zum tieferen Verstehen ihrer selbst oder aber der Gesetzmäßigkeiten der menschlichen Welt. Selbst für die bekanntesten und häufigsten, wissenschaftlich möglicherweise vollständig geklärten Krankheiten, ist diese Sinnsuche möglich. Denn immer können wir fragen, warum eine Krankheit uns ereilt, warum gerade wir uns den Grippevirus zu Eigen gemacht haben und die Menschen in unserer unmittelbaren Nähe nicht. Das Suchen nach Sinn in einer Erkrankung teilt Therapeuten und Patienten wiederum in zwei Lager. Die einen halten sie für wichtig oder gar notwendig, um auch aus einer Erkrankung etwas zu lernen und an ihr zu wachsen. Die anderen wehren sich gegen diese Sinnsuche, weil sie befürchten, so tragen sie es zumindest vor, es könnte dadurch ein Schuldgefühl bei dem Erkrankten entstehen. Er könnte seine Krankheit vielleicht sogar als Strafe verstehen für etwas, das er getan oder unterlassen hätte. Die Frage, ob es einen Sinn gibt oder nicht, ist natürlich zunächst einmal unabhängig davon, ob ihre Beantwortung Schuldgefühle produzieren könnte oder nicht. Nicht alle Gegner der Sinnfrage der Krankheiten lehnen diese wirklich zum Schutz der Patienten ab. Ich glaube, dass Angst vor Erkenntnis und das damit verbundene Umdenken und natürlich auch Angst vor der Ausbreitung alternativer Heilmethoden recht oft der eigentliche Ursprung dieses Ablehnens sind. Gleichzeitig halte ich viele für glaubwürdig, die sich Sorgen um ein Schuldgefühl des Patienten machen, das seiner Genesung sicherlich nicht beiträgt. Als Therapeutin, die sich hauptsächlich mit Psychotherapie befasst, stelle ich mich dennoch deutlich auf die Seite derer, die auch in Krankheiten versuchen, einen Zusammenhang zum eigenen Leben zu finden und damit den Sinn der Krankheit zu erkennen. Selbstverständlich ist dieser Sinn immer individuell. Es kann also niemals aus dem Vorliegen einer bestimmten Krankheit auf einen speziellen, immer mit ihr verbundenen Sinn geschlossen werden. Das wäre in der Tat ohne Sinn!

Sicherlich erzähle ich auch den Psychotherapeuten, die der Schulmedizin angehören, nichts

Neues, wenn ich ihnen sage, dass die meisten kranken Menschen sich schuldig fühlen. Den wenigsten ist das auf Anhieb bewusst. Doch im therapeutischen Gespräch oder durch andere Methoden wird früher oder später sichtbar, dass das Kranksein mit einem Schuldgefühl verbunden ist und meist auch als eine Bestrafung durch eine höhere Instanz, durch das Leben oder das Schicksal verstanden wird. Dies Sinnfrage im Umgang mit und in der Behandlung von kranken Menschen nicht zu stellen, bedeutet vor allem, das bereits vorhandene Schulderleben stehen zulassen.

Den ganz persönlichen Sinn einer Erkrankung kann ich in diesem Buch nicht erschließen, denn ich müsste für jeden Leser ein eigenes Schreiben, nachdem ich jeden einzelnen kennen gelernt habe. Vielleicht kann ich Ihnen, liebe Leser, dennoch dabei helfen, die Sinnfrage für eigene Krankheiten oder aber gemeinsam mit ihren Klienten zu stellen. Ich halte diese für notwendig, damit ein Mensch tatsächlich gesund werden und vor allem gesund bleiben kann. Die Behandlung mit Quantenenergie bildet da keine Ausnahme. Auf schnellem Wege Heilung zu erfahren, bedeutet nicht gleichzeitig, für immer gesund oder auch nur geschützt vor dieser einen Krankheit zu sein. Energie zu

bewegen oder energetische Harmonie und Aus-
geglichenheit anzustoßen oder herzustellen ist
das eine, das Aufrechterhalten dieses heilsamen
Zustandes ist das andere. Dieses andere ist vor
allem durch Veränderungen im Leben des Patienten erreichbar.

Wir alle kennen diese Tage, an denen wir sehr
stark im Einklang mit uns selbst sind. Wir fühlen uns gut, nichts bringt uns aus der Fassung,
wir blicken zuversichtlich in die Zukunft, kurz
gesagt: Wir bleiben bei uns selbst. Was ist an
einem solchen Tag anders als an den übrigen
Tagen? Wir sind einfach da! Wir machen irgendetwas, wir denken auch irgendetwas. Doch
alles entspricht unserer inneren Energie, unserer Verfassung, unseren tiefen und stimmigen
Zielen. Alles verläuft so, wie es zu unserer der-
zeitigen Entwicklung und zu den für uns vor-
gesehenen und von uns selbst festgelegten We-
gen passt. In diesen Zustand kommen wir immer dann, wenn wir unsere tatsächlichen Gefühle spüren. Belastende Emotionen zu haben,
beispielsweise Trauer, Wut, Sehnsucht oder
Einsamkeit, machen nicht krank. Sie führen
nicht einmal dazu, dass wir eine Energieschief-
lage entwickeln. Energetisch ausgeglichen zu
sein bedeutet nicht, ruhig, zufrieden und glücklich zu sein, sondern stimmig zu sein. Wenn wir

beispielsweise so tun, als wären wir friedvoll und gelassen, empfinden tatsächlich aber Wut, so befinden wir uns in einem energetischen Ungleichgewicht. Dieses wirkt sich ungünstig, mitunter auch krankmachend auf uns aus. Den gesündesten Lebensweg hat derjenige, dem es am meisten und am häufigsten gelingt, sich selbst unverfälscht zu spüren, die eigenen Emotionen und Impulse wahrzunehmen.

Stress, Arbeitsüberlastung und die Flut der alltäglichen Anforderungen führen immer wieder dazu, dass uns gerade das nicht gelingt. Leben wir in Beziehungen oder Umgebungen, die unseren tiefen Bedürfnissen und damit unserem eigentlichen Lebensweg widersprechen, so gelingt es uns immer seltener, so werden Krankheiten wahrscheinlicher. Zudem lernen wir üblicherweise, aktiv zu handeln, um unser Leben zu gestalten. Daran ist auch nichts Falsches zu finden. Oft allerdings übertreiben wir es dann. Gerade im Umgang mit Schwierigkeiten, Problemen oder eben Erkrankungen, neigen wir oft zu Aktionismus, glauben dann, dass möglichst viele Behandlungen oder Anwendungen zu einer rascheren und nachhaltigeren Genesung führen. Behandlung aufzusuchen ist natürlich richtig. Zu viel und zu vielseitig zu therapieren, kann eine Krankheit jedoch auch am Leben halten. Indem wir ständig versuchen, physikalische oder psychische Zustände und Vorgänge in unserem Organismus durch therapeutische Versuche zu beeinflussen, verschieben wir ständig auch die Energien unseres Organismus. Zwar streben wir damit an, einen Zustand der Harmonie herzustellen, dennoch können wir nie sicher sein, ob die Behandlung gerade das bewirkt oder etwas anderes. Die Idee der Arbeit mit Quantenenergie besteht ja vor allem darin, das von Natur aus gegebene Ausgleichsbestreben unseres Energiefeldes wirken zu lassen.

Kommt dieses Bestreben zur Entfaltung, so stellt sich tendenziell ein harmonisches Gleichgewicht ein, eine ausgeglichene Energiebilanz in unserem Körper und in unserer Psyche. Wenn wir krank sind, sind wir nicht aus eigener Kraft heraus in der Lage, die natürliche Ausgleichsbestrebung unseres Organismus zur Entfaltung kommen zu lassen. Wir hindern ihn daran. Unsere verbissenen Bemühungen und unsere Versuche, unsere Kraft und unserer Energie zielgerichtet zu bewegen oder zu beeinflussen, stören den natürlichen Heilungsprozess. Das soll nun nicht bedeuten, dass Behandlungen kranker Menschen überflüssig wären. Viele Menschen werden sterben, wenn Notfallmaßnahmen oder auch routinierte und geplante

Behandlungen nicht stattfinden würden. Einen kranken Menschen sich selbst überlassen, wäre nur dann vertretbar, wenn wir davon ausgehen könnten, dass es ihm auch alleine gelingt, die Urenergie seines Organismus frei wirken zu lassen. Diese Fähigkeit können wir jedoch nicht ohne Einschränkung unterstellen. Auch überzeugte Quantenheiler, selbst die routiniertesten, können nicht wirklich für sich selbst sicher sein, tief genug und lange genug derart bei sich selbst zu sein und Zielvorstellungen loszulassen, dass Heilung garantiert wäre.

Glücklicherweise gibt es die Möglichkeit, von außen zu helfen. Ein Quantenheiler kann einem kranken Menschen helfen, seine Energie zumindest während der Behandlung ungestört fließen zu lassen. Das ermöglicht das Einschlagen eines heilsamen Weges über die Dauer der Sitzung hinaus. Klienten spüren die angenehme Wirkung, die von der Quantenheilung ausgeht und bleiben daher noch länger in diesem Gefühl. Natürlich sollten auch mehrere Sitzungen gemacht werden. Quantenheilung wirkt oft schnell. Dennoch benötigt es eine gewisse Zeit bis die Harmonie wiederhergestellt ist und sich ein gesunder Zustand einstellt. Dann aber kommt es darauf an, diesen auch zu erhalten. Zwei Wege können wir beschreiten, um dies zu fördern. Einerseits können wir uns selbst als von Krankheit Betroffene immer wieder mit Synchronisationsübungen in einen energetisch ausgeglichenen Zustand bringen, beispielsweise mit einer täglichen Übung. So tragen wir täglich etwas zu unserem eigenen Gesundwerden oder zu unserer Gesunderhaltung bei. Andererseits können wir versuchen zu verstehen, welche Lebensumstände, welche Beziehungen, welche Gedanken und Entscheidungen es sind, die so stark gegen unser tiefes inneres Gefühl gehen, dass wir überhaupt Krankheiten entwickeln. Beide Wege sind wichtig und sollten immer gemeinsam beschritten werden.

Ich zeige Ihnen in diesem Buch vor allem, wie der erste Weg gegangen werden kann. Ich erläutere Ihnen meine Vorgehensweise bei der Arbeit mit Quantenenergie biete Ihnen diese zur eigenen Anwendung an. Ich stelle Ihnen dabei meine Dreipunkt-Licht-Methode vor.

Synchronisation

Wer sich mit Quantenheilung beschäftigt, trifft schnell auf den Begriff der Synchronisation oder Harmonisierung. Gemeint ist damit, sich selbst in einen Zustand zu bringen, in dem die Energie des Organismus ungestört fließt. Hierbei kommt es darauf an, die gerichteten Gedanken, genau genommen alle Gedanken, eine zeitlang abzuschalten. Das ist nun nicht gerade leicht. In den Büchern und Kursen zur Quantenheilung finden wir immer wieder Übungen, mit deren Hilfe trainiert werden kann, eine gewisse Gedankenstille herzustellen, also tatsächlich über längere Zeit hinweg, über Minuten oder möglicherweise sogar Stunden, nichts zu denken. Das Problem bei dieser Vorgehensweise besteht darin, dass wir nicht feststellen können, nichts zu denken. Sobald uns das bewusst wird, befinden wir uns bereits in einer Wahrnehmung und damit auch in einem Denkvorgang. Die Zeit des Nichtdenkens könnten wir also nur im Rückblick feststellen. Das verhält sich etwa so wie die Einschätzung des Schlafens. Wenn wir einmal eingeschlafen sind, können wir nicht feststellen, dass wir schlafen. Nach dem Erwachen können wir jedoch eindeutig feststellen, dass wir eine Zeit lang „abgeschaltet" waren. Das Trainieren des Nichtdenkens ist ziemlich mühsam. Warum ist das Nichtdenken so wichtig? Es sorgt dafür, dass wir uns selbst nicht stören sondern innerlich loslassen und der Energie freien Lauf lassen. Natürlich könnten wir die Energie auch mithilfe unserer Gedanken in eine bestimmte Richtung lenken. Hierzu müssten wir einen heilsamen Gedanken allerdings konstant aufrechterhalten, in einer Klientensitzung als über viele Minuten. Auch das ist schwer, denn immer wenn wir denken, kommen uns noch andere Überlegungen in die Quere. Gibt es einen Ausweg?

Glücklicherweise ja. Wenn wir uns auf ein Gefühl konzentrieren, um es ganz deutlich zu spüren, können wir nicht wirklich gleichzeitig denken. Auch das erfordert Übung, denn ohne diese neigen wir dazu, zwischen Gefühl und Gedanken hin und her zu schalten, oftmals so schnell, dass uns das wie gleichzeitiges Denken und Fühlen vorkommt. Ich beschreibe Ihnen zunächst einmal eine einfache Konzentrationsübung zum Fühlen. Es ist gleichzeitig eine einfache und wirksame Synchronisationsübung, die sie bereits kennen, wenn sie sich mit Quantenenergie beschäftigt haben. Für alle, die zum ersten Mal darüber lesen, schildere ich sie noch einmal und empfehle gleichzeitig, täglich mehrmals damit zu üben. Das tägliche Synchronisieren sollten auch geübte Quantenheiler als Routine einführen.

Zweipunkt-Synchronisation

Setzen Sie sich bequem hin und legen sie ihre Hände auf die Oberschenkel. Drehen Sie die Handflächen nach oben. Schließen Sie die Augen und folgen Sie dem Gefühl ihres Atems. Denken Sie immer beim Ausatmen das Wort Ruhe. Wiederholen Sie das etwa 10 mal. Lassen Sie die Augen geschlossen und konzentrieren sie sich nun auf die linke Hand. Halten Sie die Konzentration dort, bis sie die linke Hand ganz deutlich spüren können. Wahrscheinlich fühlt sie sich dabei etwas dicker an. Wechseln Sie nun die Seite und konzentrieren Sie sich auf die rechte Hand, bis auch diese ganz deutlich zu spüren ist. Konzentrieren Sie sich wieder auf ihren Atem, denken sie beim Ausatmen das Wort Ruhe für einige Atemzüge. Nun versuchen sie, beide Hände gleichzeitig zu spüren. Konzentrieren Sie sich darauf, beide Hände auch wirklich gleich intensiv wahrzunehmen. Spüren Sie dabei die Unterschiede in ihnen. Sie fühlen sich unterschiedlich an. Konzentrieren Sie sich solange auf die Hände bis das Gefühl in beiden immer ähnlicher wird. Sobald sie sich dann gleich anfühlen, können Sie die Augen öffnen und die Übung beenden.

Mithilfe dieser Übung initiieren sie einen ausgleichenden Energiefluss in ihrem eigenen Organismus. Indem sie sich ganz auf ihre Hände konzentrieren, schalten sie nahezu alle zielgerichteten Gedanken ab. Das gelingt umso mehr, je präziser Sie die Aufmerksamkeit bei ihren Händen halten. Vielleicht haben sie gemerkt, dass es gar nicht so einfach ist, das zu tun. Es ist auch nicht einfach, beide Hände wirklich gleichzeitig zu spüren. Anfangs pendelt die Aufmerksamkeit zwischen beiden Händen hin und her, meistens so schnell, dass wir es nicht bemerken. Üben Sie also jeden Tag. Sehr schnell wird sich eine Routine einstellen und sie werden bemerken, dass sie sich nach dieser Übung besser fühlen, ausgeglichener und ausgeruhter. Falls sie bei dieser Übung gähnen müssen oder Müdigkeit spüren, brauchen sie sich nicht zu sorgen. Es ist ein typisches Signal der Entspannung und des tatsächlichen Energieflusses.
Die Synchronisationsübung können Sie natürlich auch abwandeln. Anstelle der Hände können Sie beispielsweise auch die Füße nehmen

und die Synchronisation mit beiden Füßen machen. Auch die Synchronisation zwischen einem Fuß und einer Hand, entweder mit der linken oder mit der rechten Seite oder über Kreuz, also die Synchronisation zwischen rechter Hand und linken Fuß und umgekehrt, ist möglich. Experimentieren sie etwas und probieren Sie es einfach aus. Wenn sie es einfach halten wollen, arbeiten sie einfach mit beiden Händen. Das machen sie auch im Kontakt mit dem Klienten, dem sie mit Quantenenergie helfen möchten.

Die beschriebene Übung finden Sie in dieser oder in ähnlicher Weise in jedem Buch zur Quantenenergie. Sie ist nicht neu aber wirksam. Wir können davon ausgehen, dass die Energie des Organismus in dem Augenblick ausgeglichen ist, in dem sich beide Hände gleich anfühlen. Dieser Punkt ist dann auch für die Behandlung mit Quantenenergie wichtig. Aber dazu kommen wir etwas später. Häufig wird im Zusammenhang mit Quantenenergie davon gesprochen, dass es darauf ankäme, in den Zustand des reinen Bewusstseins oder der reinen Bewusstheit zu gelangen. So wird der Zustand bezeichnet, indem keine zielgerichteten Gedanken vorliegen. Ich habe bereits erläutert, dass dieser Zustand nicht leicht zu erreichen ist. Bei der Synchronisation erreichen wir ihn auf einem indirekten Wege. Indem wir unsere Aufmerksamkeit auf ein Körpergefühl richten und dort bündeln, sind wir zwar nicht völlig frei von mentalen Vorgängen, dennoch sind wir frei von aktiven und zielgerichteten Gedanken. Wir ersparen uns so das Training der Gedankenstille, das sicherlich nichts Falsches an sich hat, jedoch auch nicht unbedingt erforderlich ist.

Zweipunkt-Methode

Betrachten wir zunächst einmal die Zwei Punkten Methoden der Heilung. Sie gehört zu den einfachsten Techniken, was keinesfalls bedeutet, dass ihre Wirkung gering wäre. Wenn wir Krankheit als Ungleichgewicht des Organismus oder als das Problem verschobener Energien betrachten, bedeutet Heilung das Wiedererlangen eines ausgeglichenen Zustandes. Mithilfe unseres eigenen harmonischen Energiefeldes führen wir als Therapeuten das energetische Feld des Klienten in einen solchen Zustand zurück. Da wir nicht davon ausgehen können, dass wir selbst immer in einem ausgeglichenen und damit natürlichen Zustand einer gesunden Energie sind, müssen wir als Therapeuten etwas unternehmen, um diesen Zustand bei uns herzustellen. Genau genommen müssen wir nicht diesen Zielzustand in unserem Organismus einrichten, sondern wir müssen dafür sorgen, dass unsere eigene Energie sich frei bewegen kann. Sie steuert damit genau dieses Ziel an und nimmt die Energie des Klienten mit auf diesen Weg. Hierzu wird meist vorgeschlagen, in den Zustand des reinen Bewusstseins oder der reinen Bewusstheit zu gehen, wodurch das ungehinderte Fließen unserer ureigenen Energie dann ermöglicht würde. Dieser Idee kann aufgrund der Erfahrungen der Quantenheiler kein wirklich fundiertes Argument entgegengehalten werden. Es entspricht der Wahrheit, dass der Zustand des reinen Bewusstseins oder Gewahrseins diese Wirkung entfaltet. Die Gedankenstille, die hierzu erforderlich scheint, ist jedoch nicht leicht zu erreichen. Das von Kinslow beschriebene Nichtdenken ist mit viel Geduld und Disziplin erlernbar. Es spricht nichts dagegen, diesen Weg zu gehen, ist er doch mit innerem Wachstum verbunden. Vielen Menschen jedoch fällt es schwer, das reine Gewahrsein tatsächlich zu erreichen oder sich dessen dann auch bewusst zu werden.

Glücklicherweise ist es so, dass wir bei voller Konzentration auf unsere Hände so tief in dieses Körpergefühl gehen, dass es sehr schwierig wird, dabei noch zielgerichtet oder geplant zu denken. So gelangen wir auf einem Umweg schon etwas näher an das reine Bewusstsein. Die Erfahrung zeigt, dass die Zweipunktmethode Erfolge in der Heilung hat, selbst dann, wenn der Anwender sich kaum mit reinem Gewahrsein oder Gedankenstille befasst. Ich schildere ihnen nun zunächst einmal die einfache Vorgehensweise dieses Verfahrens, sowie einige Abwandlungen davon. Ich erkläre Ihnen die einzelnen Schritte beispielhaft als Schmerzbehandlung. Die Vorgehensweise bleibt jedoch bei allen Formen von Erkrankungen gleich.

Zweipunkt-Technik 1

Der Klient liegt auf einer bequemen Unterlage. Er schließt die Augen und konzentriert sich auf seinen Atem. Legen Sie als Therapeut eine Hand auf die schmerzende Körperstelle und die andere auf eine Stelle, die sich neutral anfühlt. Konzentrieren Sie sich ganz auf ihre Hände und üben sie etwas Druck aus. Nehmen Sie die Unterschiede, die sie in ihren Händen spüren können, deutlich wahr. Warten Sie ab, bis sich beide Hände in ihrer Wahrnehmung gleich anfühlen. Treten sie einen Schritt zurück und lassen Sie den Klienten aufstehen.

Fragen Sie nach dem Schmerzempfinden, und sie werden die Wirkung erleben. In vielen Fällen fühlt sich der Klient bereits entlastet, spürt weniger Schmerzen oder ist im Idealfall schmerzfrei. Sie können diese Behandlung auch zwei- oder dreimal unmittelbar hintereinander durchführen. Ich erläutere ihnen nun einige Variationen dieser Form des Handauflegens.

Zweipunkt-Technik 2

Der Klient liegt auf einer bequemen Unterlage. Er schließt die Augen und konzentriert sich auf seinen Atem. Legen Sie als Therapeut eine Hand auf die schmerzende Körperstelle und die andere auf eine Stelle, die sich neutral anfühlt. Konzentrieren Sie sich ganz auf ihre Hände und üben sie etwas Druck aus. Nehmen Sie die Unterschiede, die sie in ihren Händen spüren können, deutlich wahr. Halten Sie selbst die Augen geschlossen und stellen Sie sich vor, wie sie die Hand, die auf der neutralen Stelle liegt, langsam zu der Hand hin bewegen, die auf der schmerzenden Stelle liegt. Halten Sie dabei beide Hände in ihren Positionen und machen Sie das nur in ihrer inneren Vorstellung als Visualisierung. Warten Sie ab, bis sie das Gefühl haben, dass beide Hände auf der schmerzenden Stelle übereinander oder in einander liegen.

Zweipunkt-Technik 3

Der Klient liegt auf einer bequemen Unterlage. Er schließt die Augen und konzentriert sich auf seinen Atem. Legen Sie als Therapeut eine Hand auf die schmerzende Körperstelle und die andere auf eine Stelle, die sich neutral anfühlt. Konzentrieren Sie sich ganz auf ihre

Hände und üben sie etwas Druck aus. Nehmen Sie die Unterschiede, die sie in ihren Händen spüren können, deutlich wahr. Halten Sie selbst die Augen geschlossen und heben sie nun die Hand, die auf der neutralen Körperstelle liegt, langsam nach oben. Halten sie die Hand dabei so, als läge sie noch auf dem Körper. Achten sie nun auf das Gefühl in ihrem Solarplexus. Sobald sie dort eine deutliche Spannung spüren können, halten sie die Hand in der gefundenen Position über dem Körper des Klienten. Warten sie nun, bis das Spannungsgefühl in ihrem eigenen Solarplexus nachlässt und beenden sie dann den Kontakt.

Zweipunkt-Technik 4

Der Klient liegt auf einer bequemen Unterlage. Er schließt die Augen und konzentriert sich auf seinen Atem. Sie selbst stehen neben der Liege. Legen Sie als Therapeut eine Hand auf die schmerzende Körperstelle und die andere auf eine Stelle, die sich neutral anfühlt. Konzentrieren Sie sich ganz auf ihre Hände und üben sie etwas Druck aus. Nehmen Sie die Unterschiede, die sie in ihren Händen spüren können, deutlich wahr. Halten Sie selbst die Augen geschlossen und heben sie nun die Hand, die auf der neutralen Körperstelle liegt,

32

langsam nach oben. Halten sie die Hand dabei so, als läge sie noch auf dem Körper. Beim Anheben der Hand erreichen sie einen Punkt, an dem ihr eigener Körper anfängt, kreisförmige Bewegungen zu machen. Sie spüren eine leichte Standunsicherheit. Achten sie darauf, locker zu stehen, damit sie ihren Körper und seine Reaktionen gut spüren können. Warten sie nun ab, bis ihr Körper von selbst wieder eine ruhige Position einnimmt und beenden sie dann den Kontakt.

Das Spannungsgefühl und ebenso die Standunsicherheit mit kreisförmigen Bewegungen ihres Körpers um seine Längsachse, die sie vor allem als seitliche Bewegung des Oberkörpers spüren können, sind Ausdruck des ausgleichenden Energieflusses in ihrem Körper und im Körper des Klienten.

Dreipunkt-Synchronisation

Eine Visualisierungsübung der Lichtmeditation hat einen ähnlichen Effekt wie die Zweipunkt-synchronisation, wobei wir hierbei mit einem inneren Bild arbeiten, auf das wir alle unsere Aufmerksamkeit richten, um damit die Gedanken abzuschalten.

Die Lichtkugel

Setzen Sie sich hin, legen Sie die Hände auf die Oberschenkel und drehen sie die Handflächen nach oben. Folgen Sie dem Weg ihres Atems. Atmen Sie bewusst ein und aus und denken Sie beim Ausatmen das Wort Ruhe. Machen Sie das etwa 10 mal. Und nun stellen Sie sich vor, dass sich mitten in ihrem Körper eine kleine Kugel aus Licht befindet. Stellen Sie sich dieses Bild vor ihrem inneren Auge so deutlich vor, wie es nur geht. Bleiben Sie bei dieser Vorstellung und lassen sie dann die Kugel aus Licht größer werden. Visualisieren sie eine Kugel aus Licht, die sich ausdehnt, soweit, dass sie aus ihrem Körper heraustritt und sie vollständig einhüllt. Lassen Sie dieses Bild, wie sie selbst in einer Kugel aus Licht sitzen, so intensiv wie möglich werden und halten sie es. Nach einigen Minuten öffnen Sie einfach die Augen und beenden die Übung.

Auch diese Übung ist nicht ganz so leicht, wie sie auf den ersten Blick aussieht. Es erfordert etwas Konzentration und natürlich Übung, um wirklich das Bild der Lichtkugel zu halten. Versuchen Sie es trotzdem und dehnen sie diese Übung schrittweise aus. Sie können gerne Musik laufen lassen während sie ihre Übung machen. Wählen Sie ruhige Trancemusik und stellen Sie den CD-Spieler so ein, dass die Musik nach fünf Minuten zu Ende ist. Das genügt am Anfang, mit der Zeit können sie diese Übung ausdehnen bis zu einer Dauer von etwa 20 Minuten. Das ist keine notwendige Grenze, selbstverständlich können Sie die Übung auch länger machen. Die direkte Arbeit mit Quantenenergie im Umgang mit ihren Klienten dauert jedoch in der Regel nicht länger als 20 Minuten.

Nun wollen wir einen Schritt weitergehen. Fügen Sie einfach beide Übungen, die Zweipunkt-Synchronisation und die Lichtkugel zusammen. So entsteht eine Dreipunktsynchronisation. Wenn sie Kinslows Dreipunktmethode gelesen haben, dann kennen Sie die Arbeit mit beiden Händen beziehungsweise das Berühren des Körpers mit den Händen als Punkt 1 und 2 und das so genannte EU-Gefühl als Punkt 3. Bei meiner Dreipunktmethode sind ebenfalls die Hände beziehungsweise die Stellen, die bei der Behandlung von ihnen berührt werden, Punkt 1 und 2. Der dritte Punkt ist die Visualisierung der Lichtkugel. Bei dieser Konzentration auf zwei Gefühle und ein imaginiertes Bild bleibt keine Möglichkeit, irgendeinen zielgerichteten Gedanken zu denken, es sei denn, einer der drei Punkte würde verlassen. Es ist nun nicht gerade einfach, beide Hände gleichzeitig zu spüren und dabei ihre Unterschiede wahrzunehmen und zusätzlich das Bild der Lichtkugel zu halten. Es ist aber auch nicht unmöglich und mit etwas Übung wird es dann sehr schnell zur Routine. Probieren Sie es einfach aus.

Dreipunkt-Synchronisation

Setzen Sie sich bequem hin und legen sie ihre Hände auf die Oberschenkel. Drehen Sie die Handflächen nach oben. Schließen Sie die Augen und folgen Sie dem Gefühl ihres Atems. Denken Sie immer beim Ausatmen das Wort Ruhe. Wiederholen Sie das etwa 10 mal. Lassen Sie die Augen geschlossen und konzentrieren sie sich nun auf die linke Hand. Halten Sie die Konzentration dort, bis sie die linke Hand ganz deutlich spüren können. Wahrscheinlich fühlt sie sich dabei etwas dicker an. Wechseln Sie nun die Seite und konzentrieren Sie sich auf die rechte Hand, bis auch diese ganz deutlich zu spüren ist. Konzentrieren Sie sich wieder auf ihren Atem, denken sie beim Ausatmen das Wort Ruhe für einige Atemzüge. Nun versuchen sie, beide Hände gleichzeitig zu spüren. Konzentrieren Sie sich darauf, beide Hände auch wirklich gleich intensiv wahrzunehmen. Spüren Sie dabei die Unterschiede in ihnen. Sie fühlen sich unterschiedlich an. Bleiben Sie mit einem Teil ihrer Aufmerksamkeit bei den Händen. Spüren Sie weiter die Unterschiede und die Veränderung. Visualisieren sie gleichzeitig die Kugel aus Licht, die sich in ihrem Körper befindet und dann ausdehnt. Lassen Sie die Kugel so groß werden, dass sie ihren ganzen Körper einhüllt. Achten Sie darauf, dass die Visualisierung so deutlich wie möglich wird und dass sie ganz in dieser bildhaften Vorstellung bleiben. Gleichzeitig müssen sie ihre Hände spüren. Beenden Sie die Übung erst dann, wenn sie vollkommen von der Lichtkugel eingehüllt sind und beide Hände sich gleich anfühlen.

Wenn sie das Gefühl haben, dass sie während der Übung einen der drei Punkte verlieren, also beispielsweise die Visualisierung der Kugel kurz unterbrechen oder aber die linke oder rechte Hand nicht mehr ganz im Blick haben, gehen Sie am besten noch einmal zurück an den Anfang der Übung. Das kann zunächst etwas zermürben. Den meisten Menschen gelingt diese Übung nicht auf Anhieb. Ich selbst musste jedenfalls eine zeitlang üben, um sie schließlich mit Leichtigkeit zu machen. Übung lohnt sich! Denn sie wissen nun schon alles was sie benötigen, um mit Quantenenergie heilend zu arbeiten. Mehr brauchen sie nicht.

Ich erkläre Ihnen im nächsten Kapitel, wie sie sich auf ihren Klienten einstellen und wie sie die Dreipunkt-Licht-Methode dann für ihn anwenden.

Die Behandlung mit der Dreipunkt-Licht-Methode

Wenn Sie schon einmal mit Klienten gearbeitet haben, weil sie Geistheiler oder Heilpraktiker sind, haben sie sicherlich eine Routine, die es ihnen ermöglicht, gemeinsam mit dem Klienten seine Schwierigkeiten zu erfassen und zu betrachten, bevor sie energetisch oder auf anderem Wege behandeln. Bleiben Sie bitte bei ihrer Vorgehensweise. Die Dreipunktlichtmethode erfordert keine spezielle Vorbereitung. Sie müssen auch keine speziellen Formulierungen oder Affirmation entwickeln, die sie dann als positive Zielvorgabe aussprechen oder denken. Wenn sie das bisher dennoch getan haben, lassen Sie sich bitte nicht davon abbringen. Schädlich ist es ja nicht gerade. Im Grunde genommen könnten wir mit einem Klienten arbeiten, ohne überhaupt mit ihm zu sprechen. Die Entfaltung der Quantenenergie tut auf jeden Fall ihre Wirkung. Eine solche Vorgehensweise sind wir jedoch nicht gewöhnt. Sie entspricht auch nicht der Erwartungshaltung des Klienten, der sich einen Teil seiner Sorgen auch von der Seele reden möchte. Das Aussprechen eines Problems macht es seinerseits in der Unterhaltung greifbar, andererseits hilft es dem Klienten dabei, sich davon zu befreien, weil er es nicht mit sich selbst ausmachen muss, nicht verstecken muss. In unserer westlichen Welt sind wir es gewöhnt, miteinander zu reden. Es entspricht unserer Erwartungshaltung, dass wir in Beziehungen aller Art miteinander sprechen, Gedanken und Wünsche sowie Zielvorstellungen austauschen. Erwartungshaltungen bauen eben auch zielgerichtete Gedanken auf. Wenn wir sie völlig missachten, würde der Klient plötzlich sehr viele Fragen haben, mit Unverständnis auf uns reagieren und sich kaum auf die heilende Arbeit einlassen können. Unsicherheit und Misstrauen wollen wir aber vermeiden. Deshalb empfehle ich Ihnen, immer mit einem Vorgespräch in die Sitzung einzusteigen. Bauen Sie auf diesem Wege einen Kontakt zu ihrem Klienten auf. Fragen Sie nach den Beschwerden oder Problemen, lassen Sie sich die schmerzenden oder kranken Körperstellen zeigen, wenn es um seelische Probleme geht, lassen sie sich den Gemütszustand und die Emotionen des Klienten schildern. Auf diesem Wege bauen wir eine Verbindung zum Klienten auf. Wenn wir auf unsere Intuition hören, können wir mit etwas Übung auch einen großen Teil der Schmerzen oder Beschwerden nachfühlen, noch bevor der

Klient sie uns mitteilt. Wenn die Menschen, die wir mit Quantenenergie behandeln wollen, uns vertrauen oder einfacher gesagt, sich bei uns wohl fühlen, dann haben wir eine gute Voraussetzung für die weitere Arbeit geschaffen.

Fragen Sie Ihren Klienten, was sich verändern soll, welches Ziel er mit der Behandlung erreichen möchte. Damit ist dann nicht nur das Problem sondern auch der gesunde Zustand sichtbar, zunächst als Idee, als Wunsch. Dieser vorhandenen Vorstellung des Gesundseins eröffnen wir nun mithilfe der Dreipunkt-Licht-Methode einen Raum, in dem sie sich ausbreiten kann. Noch einmal weise ich daraufhin, dass es genügt, der ursprünglichen Energie des Organismus (Quantenenergie) freie Bahn zu verschaffen. Doch warum sollten wir beim Klienten ständig darauf verweisen, dass das schon alles ist, was wir tun. Wir brauchen es nicht zu verheimlichen. Doch wie bereits erklärt, unterhalten wir uns üblicherweise über Schwierigkeiten und Zielvorstellungen. Während der Behandlung kommt es allerdings darauf an, genau diese Zielvorstellung loszulassen. Das ist bei meiner Methode nicht anders als bei Kinslow oder Wolfgang Zimmer. Diese formulieren nur eine positive Affirmation, bevor die eigentliche Quantenheilung beginnt. Mit dem

Vorgespräch ziehen wir diese Formulierung praktisch vor und lassen Sie vom Klienten aussprechen. So laufen wir weniger Gefahr, unsere Affirmation während der Quantenheilung zu wiederholen, was den Energiefluss stören könnte.

Lassen Sie Ihren Klienten also eine bequeme Position einnehmen, am besten soll er sich ausgestreckt auf eine bequeme Unterlage legen. Nun kommt es darauf an, dass sie als Therapeut beide Hände auf den Körper ihres Klienten legen, wobei eine Hand auf die Schmerzen oder kranke Stelle gelegt wird und die andere Hand auf eine neutrale. Dann schließen Sie die Augen und machen die Dreipunkt-Licht-Methode. Beenden Sie die Behandlung dann, wenn sie das sichere Gefühl haben, in beiden Händen die gleiche Empfindung zu haben und die Kugel aus Licht zu visualisieren.

Wenn sie ihre Klienten lieber nicht berühren möchte, können Sie die Hände auch einige Zentimeter über seinen Körper halten anstatt ihn zu berühren. Die eintretende Wirkung ist genauso intensiv und genauso wirksam. Mit aufgelegten Händen ist es oft leichter das unterschiedliche und sich dann angleichende Empfinden beider Hände wahrzunehmen. Das ist aber nur am Anfang so, mit etwas Übung spielt es keine Rolle, ob die Hände sich direkt auf oder über dem Körper befinden. Probieren Sie es einfach aus. Möglicherweise ist das bei Ihnen auch so, dass sie von Anfang an leichter mit etwas angehobenen Händen arbeiten können. Ich erkläre Ihnen nun den gesamten Ablauf noch einmal Schritt für Schritt.

Behandlung eines Klienten mithilfe der Dreipunkt-Licht-Methode

Lassen Sie Ihren Klienten in Ruhe Platz nehmen. Er soll sich ausgestreckt aber bequem auf eine passende Unterlage legen. Lassen sie leise und im Hintergrund Entspannungsmusik (Trancemusik) laufen. Leiten Sie Ihren Klienten dazu an, auf seine eigene Atmung zu achten und beim Ausatmen das Wort Ruhe zu denken. Sie können es auch einige Male für ihn aussprechen, immer dann, wenn er tatsächlich aus atmet. Nach einigen Atemzügen, wenn sie merken, dass er innerlich schon etwas ruhiger geworden ist, sagen sie ihm, dass er etwas Angenehmes denken kann, einfach ein bisschen vor sich hin träumen darf, bis sie ihm sagen, dass er die Augen wieder öffnen soll. Teilen sie ihm mit, dass die Behandlung bis zu 20 Minuten dauern kann.

Legen Sie nun eine Hand auf die schmerzende oder kranke Stelle und die andere Hand auf eine neutrale. Halten Sie wahlweise die Hände einige Zentimeter vom Körper entfernt, ohne ihn vorher zu berühren. Nun schließen Sie die Augen und kommen Sie selbst über die Atmung zur Ruhe. Fühlen Sie sich nun in ihre Hände ein. Beginnen sie bei der Hand, die sich über der zu behandelnden Stelle befindet und werden sie sich ihrer Hand bewusst. Spüren Sie Ihre Hand immer intensiver. Wechseln Sie nun zu der anderen Hand und spüren Sie, wie diese sich anfühlt. Nun konzentrieren sie sich auf beide Hände gleichzeitig und spüren Sie den Unterschied beider Wahrnehmungen. Fangen Sie an, die Lichtkugel zu visualisieren. Halten Sie immer alle drei Punkte gleichzeitig, die beiden Hände und die Lichtkugel. Lassen Sie die Kugel dabei größer werden bis sie in ihrer Vorstellung ihren gesamten Körper und den Körper des Klienten einhüllt. Bleiben Sie ganz in der gleichzeitigen Wahrnehmung beider Hände und deren Angleichungstendenz und bei der Visualisierung der Kugel. Beenden Sie die Behandlung, sobald sich beide Hände gleich anfühlen und sie das Bild der Kugel noch gegenwärtig haben.

Machen Sie sich keine Sorgen, wenn sie einen der drei Punkte einmal verlieren sollten oder feststellen sollten, dass ihre Konzentration ungleich verteilt ist. Das wird einige Male geschehen. Das ist aber nicht schlimm. Beginnen Sie einfach noch einmal. Lassen Sie die Hände in den gefundenen Positionen und beginnen Sie innerlich einfach neu, in dem sie sich zunächst auf die Hand über dem Problembereich konzentrieren, dann auf die andere, anschließend auf beide gleichzeitig; dann visualisieren sie die Kugel. Mit der Zeit stellt sich eine Routine ein, und es gelingt ihnen viel leichter, die Konzentration auf alle drei Punkte zu halten. Wenn es am Anfang auch schwierig aussieht, so ist es doch schon sehr bald relativ leicht. Denken Sie bitte daran, dass sie durch eine Konzentrationsstörung oder das Verlieren eines Punktes keinen Schaden anrichten. Es muss nicht von Anfang bis Ende völlig störungsfrei verlaufen, damit die heilende Wirkung eintritt. Auch andere Therapien wirken trotz kleiner Fehler. Eine Massage, bei der hier und da etwas zu fest gedrückt wird oder eine Gesprächstherapie, bei der der Therapeut einmal eine Bewertung vornimmt und auch eine Infusionsnadel, die die Vene beim ersten Versuch verfehlt, führen nicht zum Unheil und machen weder die Behandlung doch die Heilungsaussicht unmöglich. Verlassen Sie sich bei allem, was sie tun, auch bitte sehr stark auf ihr Gefühl. Vielleicht möchten Sie die Methode auch etwas variieren, hier und da Veränderungen einbauen oder mit anderen Quantenenergieverfahren kombinieren. Tun sie das und arbeiten sie damit. Ihr Gefühl wird ihnen zeigen, ob ihre Variation ein guter Weg ist.

Wenn Sie etwas Übung haben und innerhalb weniger Minuten den Punkt des ausgeglichenen Gefühls ihrer Hände erreichen, können Sie diesen Vorgang auch mehrmals ablaufen lassen. Hierzu müssen sie allerdings die Position der Hand, die sich auf oder über einer neutralen Körperstelle befindet, nach jedem Durchgang verändern. So kommen sie immer wieder an einen Punkt, an dem sich ihre Hände zunächst unterschiedlich anfühlen. Von Durchgang zu Durchgang wird der gefühlte Unterschied jedoch geringer. Mit dieser Wiederholung der Methode bringen sie den Organismus des Klienten insgesamt auf ein höheres Energieniveau, was die Nachhaltigkeit der Wirkung verstärkt. Ich selbst verwende diese Vorgehensweise allerdings nicht in der ersten Sitzung. Dort arbeite ich mit der einfachen Variante, um zunächst einmal beim zweiten Treffen abzuschätzen, wie gut der Klient auf die Quantenenergie Behandlung anspricht. Ich habe ja bereits gesagt, dass immer mehrere Sitzungen gemacht werden sollen. Wenn die Wirkung der Behandlung langfristig anhalten soll, muss mehr passieren als ein einmaliger Ausgleich der inneren Energie. Der Klient sollte Gesundwerden und Gesundsein als Prozess verstehen. Die Arbeit mit Quanten Energie gehört nicht in die Ecke viel versprechender Wunderheilungen. Die mag es geben, doch sind sie mehr von der Gabe des Heilers abhängig als von der Methode. Quantenheilung ist eine seriöse Methode, die von jedem erlernbar ist. Sie muss dabei auch die menschlichen Eigenschaften berücksichtigen. Hierzu gehört unter anderem, dass wir nicht nur helfende Begleitung benötigen, um einen heilenden Weg zu beschreiten. Wir benötigen vor allem Zeit und die Möglichkeit des Austauschs über unsere Erlebnisse. Es ist daher wichtig, dass ein Klient nach erfolgter Behandlung seinem Therapeuten noch einmal begegnet, um darüber zu sprechen, wie es ihm geht, wie sich sein Zustand verändert hat, welche Erkenntnisse und welche Perspektiven daraus entstanden sind. Laden Sie also ihre Klienten dazu ein, für eine begrenzte Zeit in einen regelmäßigen Kontakt mit Ihnen zu treten, über mehrere Sitzungen hinweg weiterbehandelt zu werden. Einerseits wird die erzielte Wirkung der Behandlung gefestigt, beziehungsweise kann auch ein weiter entferntes Heilungsziel im Zeitraum des Kontaktes zum Therapeuten erreicht werden. Andererseits eröffnet der häufigere Kontakt mit jeweiligem Vorgespräch für unsere Klienten einen Raum, in dem sie neue Perspektiven entwickeln können. Der langfristige Perspektivenwechsel und der daraus resultierende veränderte Umgang mit sich selbst können dazu beitragen, dass der Klient in Zukunft weniger Krankheiten produziert, souveräner und selbstbestimmter den Anforderungen seines Lebens umgeht, und sich so gesund hält.

Zum Schluss möchte ich noch auf die Behandlung seelischer Krankheiten eingehen, wobei ich nicht den seelischen Anteil jeder Erkrankung meine, sondern solche, die keine vordergründige körperliche Ausdrucksform besitzen, beispielsweise Depressionen oder Ängste. Diese werden genauso behandelt wie Schmerzen oder andere körperliche Phänomene. Legen Sie bei seelischen Krankheiten eine Hand auf die Stirn des Klienten und die andere auf den Solarplexus und halten Sie sich dann an die beschriebenen Vorgehensweisen.

Die rechtliche Situation in Deutschland

Da ich selbst in Deutschland lebe, weiß ich, wie schwierig die Rechtslage für viele Menschen ist, die gerne mit Quantenheilung oder anderen Verfahren arbeiten möchten. Heilbehandlungen dürfen nach derzeit geltendem Recht immer nur von Menschen angeboten und durchgeführt werden, die über eine offizielle Erlaubnis hierzu verfügen. Heilbehandlungen liegen immer dann vor, wenn eine Krankheit mit dem Ziel der Besserung oder Heilung behandelt wird. Dabei spielt es keine Rolle, wie wir die eigene Arbeit nennen und welche Philosophie oder Weltanschauung dahinter steht. Selbst die Stärkung oder Förderung von Selbstheilungskräften, und genau das ist eine quantenenergetische Behandlung, kann zum Problem werden, wenn die Anwendung auf eine bestimmte Erkrankung oder ein bestimmtes Problem, das im schulmedizinischen Sinne als krank bezeichnet wird, abzielt.

Wer mit den Methoden und Techniken der Quantenenergie arbeiten möchte, kann entweder eine Heilerlaubnis anstreben, was in Deutschland wiederum glücklich geregelt ist, da nahezu jeder sich zur Heilkundeprüfung anmelden kann und auf diesem Wege eine Heilerlaubnis erlangen kann. Alle, die ihre Arbeit als Geistheilung verstehen und auf eine Heilerlaubnis verzichten möchten, können jedoch die dargestellten Methoden zur Anwendung bringen, um Menschen zu helfen, ihr energetisches Gleichgewicht zu finden und damit natürlich auch zu einem gesunden Zustand zurück zu kommen. Diagnosestellungen sind dabei zu vermeiden.

Inzwischen befassen sich immer wieder Gerichte mit Einzelfällen der Behandlung und mit der Einschätzung darüber, ob es sich bei den angebotenen Anwendungen um Heilbehandlungen im Sinnes der Rechtssprechung handelt oder um Geistheilung. Häufig wird es zu einer Gratwanderung, die jedoch vermieden werden kann. Lassen Sie sich bitte einmal ausführlich von einem Juristen beraten, bevor Sie eine Praxis eröffnen oder auf anderem Wege Behandlungsangebote machen. Einen einfachen Leitfaden gibt es hierzu leider nicht, weil sehr vieles beachtet werden muss. Es kommt daher auch darauf an, wie Sie mit Internetauftritten und Flyern oder auf Messen nach außen treten, wenn Sie über keine Heilerlaubnis verfügen.

Nachwort

Ich möchte sie zum Schluss dazu auffordern, ohne Angst und ohne Vorbehalte mit quantenenergetischen Methoden zu arbeiten. Probieren sie bitte alle Übungen und Techniken einfach aus und sorgen sie sich nicht, wenn sie etwas „falsch" machen oder nicht sofort die gewünschte Wirkung eintritt. Wie alles andere, so benötigt auch diese Arbeit etwas Übung, doch zerstören können sie damit nichts.

Verbinden sie die Quantenheilung mit ihren eigenen Methoden oder Ideen, lassen sie sich von ihrer eigenen Intuition führen und vertrauen sie auf ihr Gefühl. Wenn sie mit der Lichtvisualisierung arbeiten, kommt es vor allem darauf an, das Bild der Lichtkugel zu halten. Das befreit sie von störenden Gedanken und bringt sie selbst und die Menschen, denen sie helfen, in einen ruhigen Zustand reinen Bewusstseins, ohne Gedanken, ohne Pläne. Werden sie selbst zum Heiler oder zur Heilerin mit der Dreipunkt-Licht-Methode.